Beatrice Tschupp

SCRAP-BOOKING

Fotoalben selbst gestalten

W0358836

frechverlag

Zum Thema „Kreatives Gestalten mit Papier" sind im frechverlag viele weitere Bücher erschienen. Hier eine Auswahl:

TOPP 2751

TOPP 2545

TOPP 2601

TOPP 2566

TOPP 2163

TOPP 2739

Fotos: frechverlag GmbH + Co. Druck KG, 70499 Stuttgart;
Fotostudio Ullrich & Co., Renningen

Materialangaben und Arbeitshinweise in diesem Buch wurden von der Autorin und den Mitarbeitern des Verlags sorgfältig geprüft. Eine Garantie wird jedoch nicht übernommen. Autorin und Verlag können für eventuell auftretende Fehler oder Schäden nicht haftbar gemacht werden. Das Werk und die darin gezeigten Modelle sind urheberrechtlich geschützt. Die Vervielfältigung und Verbreitung ist, außer für private, nicht kommerzielle Zwecke, untersagt und wird zivil- und strafrechtlich verfolgt. Dies gilt insbesondere für eine Verbreitung des Werkes durch Film, Funk und Fernsehen, Fotokopien oder Videoaufzeichnungen sowie für eine gewerbliche Nutzung der gezeigten Modelle.

Auflage: 5. 4. 3. 2. 1. | Letzte Zahlen
Jahr: 2005 2004 2003 2002 2001 | maßgebend

© 2001

frechverlag GmbH + Co. Druck KG, 70499 Stuttgart

ISBN 3-7724-2757-X · Best.-Nr. 2757

Druck: frechverlag GmbH + Co. Druck KG, 70499 Stuttgart

Wer kennt das nicht: Beim Fotografieren gibt man sich alle erdenkliche Mühe um eindrucksvolle Fotos zu bekommen und ist erfinderisch um tolle Bilder zu präsentieren. Doch dann wandern sie zeitlebens in eine Schachtel oder sie werden lieblos und meist ohne viel Fantasie in ein Album geklebt.

In diesem Buch möchte ich Ihnen zeigen, wie Sie auf einfache Weise mit wenigen Hilfsmitteln fantasievolle Fotoalben gestalten können. Für ein schönes Fotoalbum gibt es viele Anlässe: Das Heranwachsen der Kinder, ein toller Urlaub, Familienfeiern und andere Festlichkeiten. Sie selbst werden sich das selbst gestaltete Album immer wieder gerne anschauen und auch Ihre Familie und die Bekannten werden begeistert sein, wenn Sie es präsentieren!

Viel Spass mit diesem Buch
und mit Ihren Fotos
wünscht Ihnen

Ihre

Beatrice Tschupp

Material & Werkzeug

- Schneidematte (wenn möglich mit Zentimetereinteilung)
- Lineal
- Halbkreis-Winkelmesser
- Rundschneider (kein Zirkelrundscheider, denn damit entstehen Löcher im Foto)
- Cutter
- Skalpell oder Kurvenschneider
- Locher
- Fotokleber
- Leim in Flasche mit Metallspitze (ca. 0,5 oder 0,7 mm)
- Farbiges Papier
- Verschiedene Motivstanzer
- Verschiedene Papierblüten
- Silberstift
- Zackenscheren
- Papierservietten, Taschentücher
- STENCIL COLOR Stempelfarbe
- COLOR DIP Farbstempel

Wichtiger Hinweis:
Da es bei Ihrer eigenen Albengestaltung immer auf die Farbe der Albumseite, die Größe der Fotos und das Motiv ankommt, sollen die vorgestellten Seiten vor allem als Anregung verstanden werden. Sie bekommen einen Einblick in die Vielfalt der Dekorationsmöglichkeiten mit den einfachen Mustern, die auf den folgenden Seiten beschrieben werden. Die meisten Formen, Schnitte und Farben lassen sich beliebig zusammensetzen und miteinander kombinieren, sodass immer wieder neue interessante Kompositionen entstehen.
Viel Spaß beim Experimentieren und Gestalten!

Allgemeine Hinweise und TIPPS

Zum Album

- Nehmen Sie wenn möglich Alben, bei denen der Buchrücken und die Seiten separat zu kaufen sind. Dann ist das Arbeiten an den einzelnen Seiten einfacher. Eventuell gibt es verschiedene Seitenfarben (meine Alben haben immer 4 - 5 verschiedene Seitenfarben).
- Damit die Fotos und die Verzierungen gut zur Geltung kommen, ist es von Vorteil, wenn das Album dunkle Seiten hat.

Zu den Fotos

- Fotos im Format 10 cm x 15 cm haben eine bessere Wirkung als Fotos im Format 9 cm x 13 cm.
- Glanzfotos wirken schärfer als matte Fotos.
- Hinterlegen Sie die Fotos mit einer im Bild vorhandenen Farbe.
- Werden die Fotos verschachtelt geschnitten oder schräg aufgeklebt, wirken die Seiten interessanter.
- Auflockerung im Album wird bewirkt, wenn ein besonders schönes Foto vergrössert und allein auf eine Seite geklebt wird.
- Wie wäre es zur Abwechslung mit einem Schwarz-Weiß-Foto? Wer kein Schwarz-Weiß-Foto zur Hand hat, kann ein Farbnegativ ins Fotogeschäft bringen und davon einen schwarz-weißen Abzug verlangen.
- Schmale Streifen zusätzlich um das Bild geklebt lassen das Foto gerahmt erscheinen.

Zu den Dekorationsmaterialien

- Verwenden Sie für die Dekorationen farbiges Kopierpapier (80 – 100 g/qm), da es sich leicht verarbeiten lässt.
- Wenn Sie Motivstanzer verwenden, sollten Sie darauf achten, dass die Motive zum Bild passen.
- Kleine Punkte oder Dreiecke, die ausgeschnitten werden, geben der dekorierten Albumseite den letzten Pfiff. Es gibt auch Motivlocher, mit denen solche Kleinteile ausgestanzt werden können.
- Haben Sie kein passendes Papier zum Dekorieren zur Hand, sind Prospekte oder alte Kataloge eine gute Alternative.
- Es gibt viele Servietten oder Taschentücher mit schönen oder lustigen Motiven.
- Schablonen werden angeboten aus Metall, Kunststoff oder Karton. Sie können sich auch aus jedem beliebigen Motiv selber eine Schablone aus Karton zuschneiden. Zum Kolorieren verwende ich STENCIL COLOR Stempelkissen. Die Farbe wird mit dem praktischen COLOR DIP Farbstempel aufgetupft.
- Arbeiten Sie beim Dekorieren, wenn möglich, mit zwei Farben. So wirkt die Seite lebendiger.
- Die Farben, mit denen Sie dekorieren, sollten immer im Bild vorhanden sein.

Das Schneiden verschiedener Muster – Schritt für Schritt erklärt

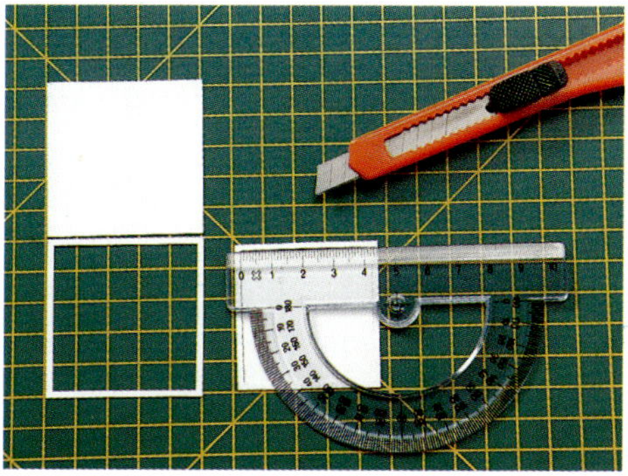

1. Quadrat

- Mit Cutter und Lineal ein Quadrat in der Größe 4 cm x 4 cm schneiden.
- Nach innen immer kleinere Quadrate schmal ausschneiden.

Tipp: Ebenso können Sie mit einem Rechteck, z. B. 4 cm x 6 cm groß, verfahren.

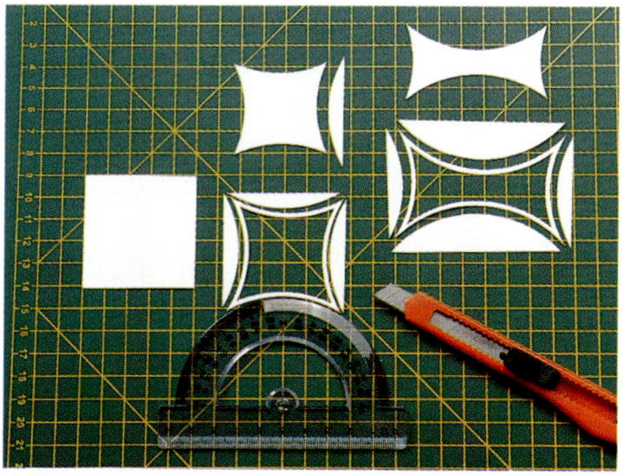

2. Rund ausgeschnittenes Quadrat

- Ein Quadrat in der Größe 4 cm x 4 cm schneiden.
- Mit dem Halbkreis-Winkelmesser von Ecke zu Ecke rund schneiden.
- Nach innen immer kleinere schmale Quadrate rund ausschneiden.

Tipp: Ebenso können Sie mit einem Rechteck (4 cm x 6 cm) vorgehen. Die Abschnitte können auch zur Dekoration verwendet werden.

3. Rund ausgeschnittenes Rechteck

- Ein Rechteck in der Größe 4 cm x 6 cm schneiden.
- Von der Mitte der langen und kurzen Seiten aus mit dem Halbkreis-Winkelmesser rund schneiden.
- Nach innen immer kleinere schmale Rechtecke rund ausschneiden.

Tipp zu 3.: Aus den Abschnitten können schmale gebogene Streifen ausgeschnitten werden.

4. Dreieck

- Ein Quadrat von 4 cm x 4 cm Größe schneiden.
- Das Quadrat halbieren.
- Für noch kleinere Dreiecke die entstandenen Dreiecke nochmals halbieren usw.

5. Rund ausgeschnittenes Dreieck

- Ein Dreieck schneiden, bei dem alle Schenkel gleich lang sind. (Achtung: Die in Abbildung 4 gezeigten Dreiecke können für diese Technik nicht benutzt werden!)
- Mit dem Halbkreis-Winkelmesser von Ecke zu Ecke rund schneiden.
- Nach innen immer kleinere schmale Dreiecke rund ausschneiden.

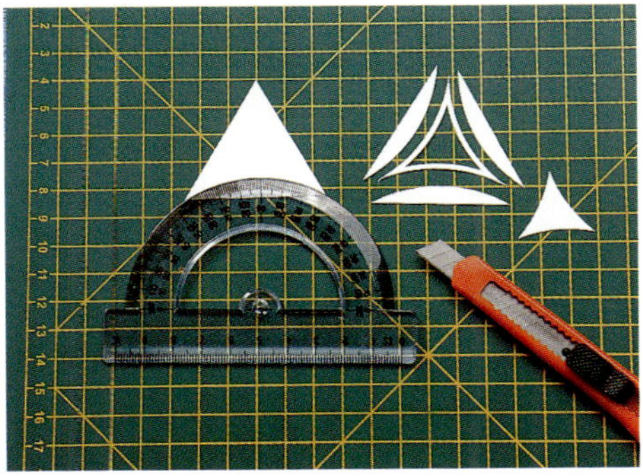

6. Schmetterlingsflügel

- Ein Quadrat von 4 cm x 4 cm Größe schneiden.
- Mit dem Halbkreis-Winkelmesser über zwei gegenüberliegende Ecken rund schneiden.
- Aus dem Quadrat entstehen zwei Schmetterlingsflügel und in der Mitte ein Oval.

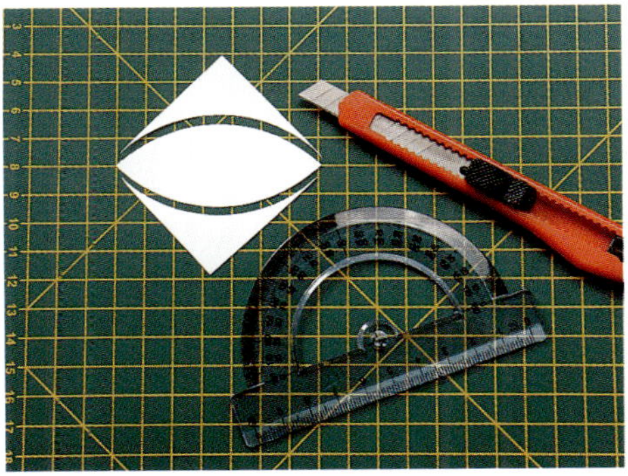

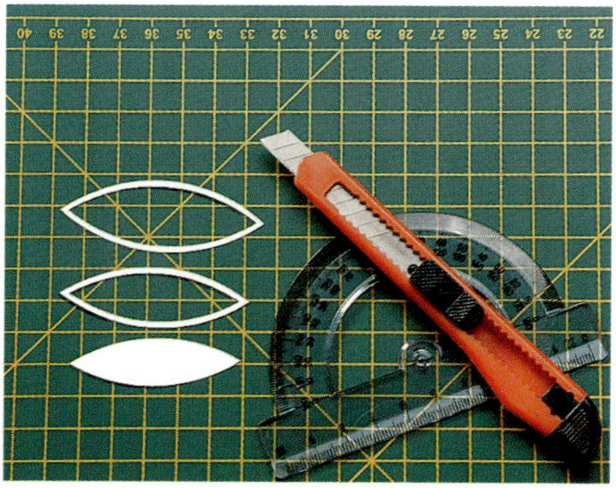

7. Spitzes Oval

- Gleicher Arbeitsvorgang wie beim Schmetterlingsflügel (Abbildung 6).
- Das Oval nach innen immer kleiner schmal ausschneiden.

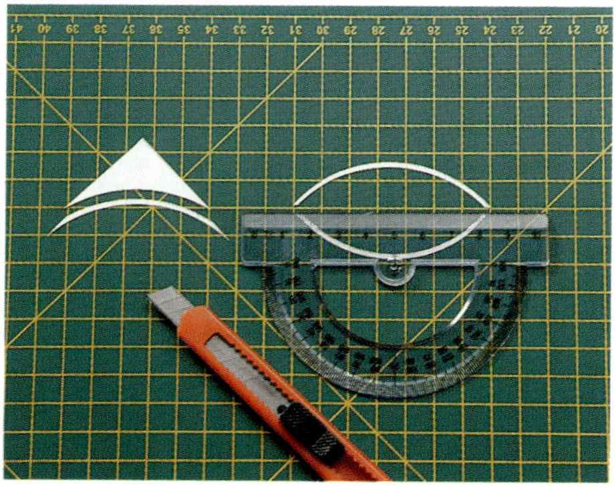

8. Schmale runde Streifen

- Gleicher Arbeitsvorgang wie bei den Schmetterlingsflügeln (Abbildung 6).
- Entweder das schmal ausgeschnittene Oval (Abbildung 7) halbieren oder aus dem Schmetterlingsflügel feine Streifen schneiden.

9. Schweif

- Mit dem Halbkreis-Winkelmesser in ein Stück Papier eine Rundung schneiden.
- An dem einen Ende wieder ansetzen und zum anderen Ende hin eine breiter werdende Rundung schneiden.
- Den Abschluss schräg abschneiden.

10. Schmale Streifen

- Schmale Streifen schneiden.
- An beiden Enden in die gleiche Richtung schräg abschneiden.

11. Kleine und mittelgroße Dreiecke

- 5 mm breite Streifen zuschneiden und mit der Schere oder einem Cutter daraus kleine Dreiecke schneiden.
- Für die mittelgroßen Dreiecke einen 12 mm breiten Streifen schneiden.

12. Drachen

- Ein Rechteck von 3 cm x 5 cm Größe schneiden.
- Von der Mitte der schmalen Seite bis zu einem Punkt bei 2 cm auf der langen Seite mit Cutter und Lineal schneiden.

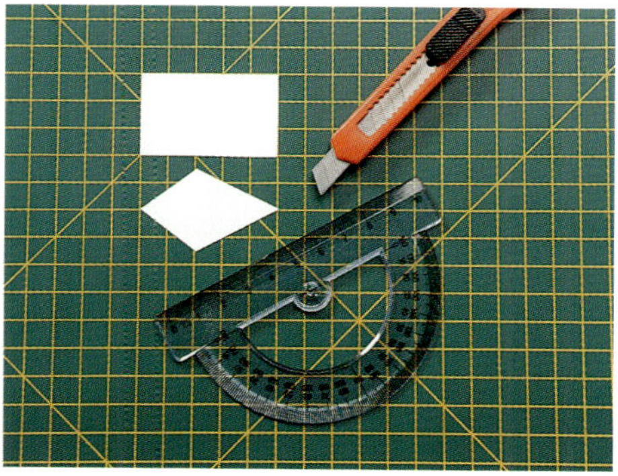

Die Anordnung der Bilder bei Überschneidung und das farbliche Einfassen

- Die Fotos schräg aufeinander legen, bis Ihnen die Komposition gefällt.
- Mit dem Cutter die Fotos dort anritzen, wo sie sich überschneiden.

- Fotos auf die Schneidematte legen und die angeritzten Linien ganz durchschneiden.
- Mit einer im Bild vorhandenen Farbe wie gezeigt mit Papier einfassen.

- Beim Aufkleben der Fotos darauf achten, dass zwischen den Fotos etwa 1 – 2 mm Abstand bleibt.

Hinweis: Bitte beachten Sie die allgemeinen Anleitungen bei allen vorgestellten Albumseiten!

Jetzt wird gepuzzelt!

- Puzzleteile

Von einem herkömmlichen Puzzle werden Teile auf der Rückseite des Fotos aufgezeichnet, mit einem Skalpellmesser der Kontur nach ausgeschnitten und versetzt aufgeklebt. Jetzt wird gepuzzelt!

Hallo, wen hab´ ich an der Strippe?

- Tonkarton
- STENCIL COLOR Stempelfarbe
- Color DIP Farbstempel
- Schmetterlingsschablone (Karton)

Eine Schablone aus Tonkarton, die an allen Seiten ca. 5 mm größer als das Foto ist, zuschneiden und auf das Foto legen. Mit der Stempelfarbe und dem Farbstempel einen Rand um das Foto herum tupfen. Wenn Sie noch ein oder zwei zusätzliche Ränder auf die Seite tupfen, wirkt sie ausgefüllter.
Den abgebildeten Schmetterling abpausen, auf Karton kleben und so ausschneiden, dass Sie eine Schablone erhalten (siehe Materialbild S. 4). Legen Sie die Schablone auf die Albumseite und tupfen Sie mit zwei Farben. Dabei die Schablone nicht ganz mit der Farbe ausfüllen, sondern einige Stellen weiß lassen, die wie Glanzpunkte wirken.

Mamis Bauch

Großes Bild

- Quadrate, 1 cm x 1 cm groß
- Kleine Rechtecke
- Schmale Streifen

Für die kleinen Rechtecke das ausgeschnittene Quadrat zweimal durchschneiden.

Kleines Bild

- Rund ausgeschnittene Quadrate in verschiedenen Größen

Die ausgeschnittenen Formen nach Belieben dekorieren.

Kleine Dame

(Abbildung oben)

- Sonnen-Stanzer, groß
- Sonnen-Stanzer, mittel
- Sonnen-Stanzer, klein

Bei diesem Motiv empfiehlt es sich mit drei Farben zu arbeiten.

Flower Power!

(Abbildung rechts)

- Gekaufte Papierblumen in verschiedenen Farben und Formen
- Schmale Streifen

Die Papierblüten werden teilweise aufeinander geklebt.

Eine lustige Geburtstagsparty!

- Rundschneider
- Tonpapier
- Papiertaschentücher (mit lachendem Gesicht) oder Serviette
- Sprühkleber

Mit dem Rundschneider schmale Kreise aus Tonpapier schneiden. Die oberste Schicht des Taschentuchs mit Sprühleim auf ein weißes Blatt kleben, damit das Ausschneiden einfacher ist. Die lustigen Gesichter auf der Seite verteilen.

Endlich habe ich Geburtstag!

- Aus Quadrat, 3 cm x 3 cm, 4 Streifen schneiden
- Aus Quadrat, 3 cm x 3 cm, 8 Streifen schneiden
- Lange, schmale Streifen

Dekorieren Sie die Seite nach Belieben mit den verschiedenen Streifen.

Kleines Schlitzohr!

- Dreiecke
- Kleine Quadrate
- Dreieckige, schmale Rahmen

Die Dreiecke und Quadrate werden zu geometrischen Mustern zusammengefügt und aufgeklebt.

Wer strahlt da wie die Sonne?

Großes Bild

- Großer Schleifen-Stanzer
- Schmale Streifen

Kleines Bild

- Zu Dreiecken halbierte Rechtecke (3 cm x 4 cm)
- Kleine Dreiecke
- Schmale Streifen

Ob einer anbeißt?

- Taschentücher oder Servietten mit Fischmotiv
- Schmale halbrunde Streifen aus Papier
- Locher für die kleinen Punkte

Schmale gebogene Streifen aus Papier schneiden. Die oberste Schicht des Taschentuchs mit Sprühleim auf ein weißes Blatt kleben, damit das Ausschneiden einfacher ist. Die Fische, die Streifen und die Punkte auf der Seite verteilen.

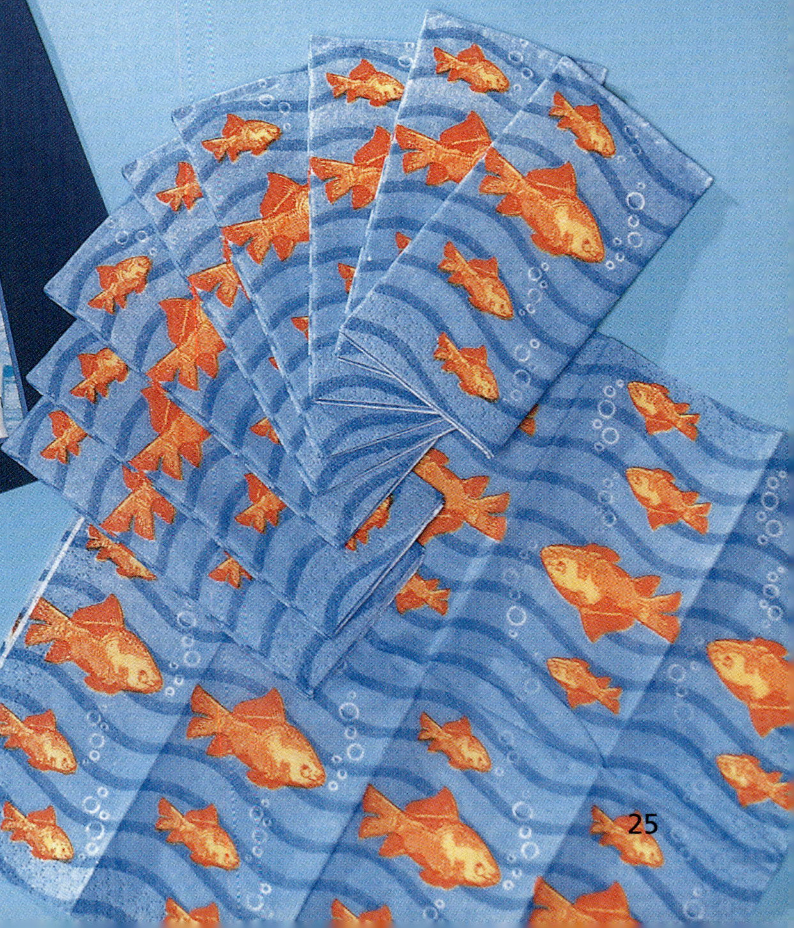

Unsere kleinen Wasserratten!

(Abbildung oben)

- Schmetterlingsflügel
- Dreiecke in verschiedenen Größen
- Spitze Ovale
- Schmale halbrunde Streifen

Entspannung pur!

(Abbildung rechts)

- Rund ausgeschnittene Quadrate
- Halbe Ovale (aus den Abschnitten der Quadrate)
- Schmale Streifen
- Kleine Dreiecke

BEACH

Lassen wir die Drachen steigen?

- Rechteck 3 cm x 5 cm
- Kleine Dreiecke

Das Rechteck zuschneiden wie auf Seite 9 beschrieben. Mit den kleinen ausgeschnittenen Dreiecken den Drachenschwanz wie abgebildet aufkleben. Mit dem Silberstift die Schnur nachzeichnen.

Tipp: Als Verzierung können Sie den Drachen Gesichter aufmalen.

Schöne Luftballons

- Rundschneider
- Schere
- Silberstift

Mit dem Rundschneider Kreise schneiden, dabei aber eine Stelle für den Ballonabschluss aussparen. Für diesen werden mit der Schere unregelmäßige Zacken geschnitten. Die Ballonschnur mit einem Silberstift zeichnen.

Familienfoto gefällig?

- Blumen-Stanzer
- Zackenschere
- Locher für Blütenmitten

Ein Quadrat (ca. 5 cm x 5 cm) zuschneiden. Mit der Zackenschere jede Seite anschneiden, danach innen ein kleines Quadrat ausschneiden. In das Quadrat eine gestanzte Blüte mit einem Punkt als Blütenmitte kleben. Zuletzt die Streifen mit der Zackenschere zuschneiden und aufkleben.

Das ist aber lustig!

- Zackenschere
- Schmetterlings-Stanzer

Legen Sie die beiden rechteckigen farbigen Papiere aufeinander und schneiden Sie sie mit der Zackenschere zu einem länglichen Dreieck. Von dem Dreieck nochmals einen schmalen Streifen abschneiden, versetzt aufkleben und die Seite mit den ausgestanzten Schmetterlingen dekorieren.

Luzerner Fasnacht

- Dreiecke in vier verschiedenen Größen (Das größte ist aus einem Quadrat der Größe 4 cm x 4 cm geschnitten)
- Kleine Dreiecke
- Schmale Streifen

Fasnacht im Kindergarten

- Herzstanzer, klein
- Herzstanzer, mittel
- Schmale halbrunde Streifen

Linkes Bild

- Rund ausgeschnittene Dreiecke

Nach innen immer kleinere Dreiecke schneiden und alle Teile zum Dekorieren verwenden.

Es ist toll im Schnee!

Rechtes Bild

- Dreiecke, mittel
- Dreiecke, klein
- Schmale Streifen

Tipp: Diese Dekoration kommt besonders gut zur Geltung, wenn alle Fotos in die gleiche Richtung im Hoch- oder Querformat geklebt werden.

Mädchen mit Hut (Abbildung links)

- Rund ausgeschnittene Quadrate in verschiedenen Größen

Die ausgeschnittenen Formen nach Belieben dekorieren.

Schaut her, mein Bauch *(Beschreibung Seite 38)*

Es weihnachtet

- Tannenstanzer
- Sternenstanzer, groß
- Sternenstanzer, mittel
- Sternenstanzer, klein
- Schmale halbrunde Streifen

Schaut her, mein Bauch!

(Abbildung S. 37)

Aus den „Resten", die beim Schneiden der rund ausgeschnittenen Quadrate anfallen, ein Muster legen und aufkleben.

Der Osterhase ist gekommen!

- Osterhasenstanzer
- Tulpenstanzer, groß
- Tulpenstanzer, klein
- Halbierte spitze Ovale
- Schmale halbrunde Streifen

Die Blätter sind von Hand mit einer Schere ausgeschnitten.

Mach´ ich es gut so?

(Abbildung Seite 42/43)

- Schweife in verschiedenen Größen
- Ovale in verschiedenen Größen, zum Teil schmal ausgeschnitten

Das Foto vor dem Hinterlegen mit dem Rahmen mit dem Halbkreis-Winkelmesser in ca. 6 cm Breite rund ausschneiden.

Niemand ist zu klein zum Modellstehen!

(Abbildung Seite 42/43)

- Schablonen aus Metall und Karton
- STENCIL COLOR Stempelfarbe
- COLOR DIP Farbstempel

Für die Bordüre mit dem Farbstempel die Farbe kräftig auftupfen. Bei dem anderen Muster von beiden Seiten aus zur Mitte hin tupfen. In der Mitte nicht tupfen, damit ein Glanzeffekt entsteht.

Mach´ ich es gut so?

(Beschreibung Seite 40)

Niemand ist zu klein zum Modellstehen! (Beschreibung Seite 40)

Badeplausch!

- Rechtecke rund ausgeschnitten
- Schmale halbrunde Streifen (aus den Resten des ausgeschnittenen Rechtecks schneiden)

Schaumparty in der Badewanne!

- Fischstanzer
- Locher für die kleinen Punkte

Kleine Vorführung im Ballett

- Locher für die kleinen Punkte
- Schweife in verschiedenen Größen

Partnerlook

- Edelweiß-Stanzer
- Locher für die kleinen Punkte
- Schweife

Unsere kleine Putzfee

- Serviette mit Blumenmuster

Die oberste Schicht des Taschentuchs mit Sprühleim auf ein weißes Blatt kleben, damit das Ausschneiden einfacher ist. Die Blumen ausschneiden und die Albumseite dekorieren.